清·吴敬梓著

儒林外史

十一册

黄山書社

儒林外史第四十七回

虞秀才重修元武閣　方鹽商大鬧節孝祠

話說虞華軒也是一个非同小可之人他自小七八歲上就是个神童後來經史子集之書無一樣不曾熟讀無一樣不講究無一樣不通徹到了二十多歲學問成了一切兵農禮樂工虞水火之事他提了頭就知到尾文章也是枚馬詩賦也是李杜況且他曾祖是尚書祖是翰林父是太守真正是个大家無奈他雖有這一肚

子學問五河人總不許他開口五河的風俗說起那人有品行他就歪着嘴笑說起前幾十年的世家大族他就鼻子裡笑說那个人會做詩賦古文他就眉毛都會笑問五河縣有甚麼山川風景是有个彭鄉紳問五河縣有甚麼出產希奇之物是有个彭鄉紳問五河縣那个有品望是奉承彭鄉紳問那个有德行是奉承彭鄉紳問那个有才情是專會奉承彭鄉紳却另外有一件事人也還怕是同徽州方家做親家還

有一件事人也還親熱就是大捧的銀子拿出來買田虞華軒生在這惡俗地方又守着幾畝田園跑不到别處去因此就激而爲怒他父親太守公是个清官當初在任上時過些清苦日子虞華軒在家省吃儉用積起幾兩銀子此時太守公告老在家不管家務虞華軒每年苦積下幾兩銀子便叫興販田地的人家來說要買田買房子講的差不多又臭駡那些人一頓不買以此開心一縣的人都說他有些痰氣到底貪圖他幾兩銀子所以來親熱他這成老爹是个興販行的行頭那日叫管家請出大爺來書房裡坐下說道而今我那左近有一分田水旱無憂每年收的六百石稻他要二千兩銀子前日方六房裏要買他的他已經打算賣給他那些莊戶不肯虞華軒道莊戶爲甚麼不肯成老爹道莊戶因方府上田主子下鄉要莊戶備香案迎接欠了租又要打板子所以不肯賣與他虞華軒道不賣給他要賣與我我下鄉是擺與

案的我除了不打他他還要打我成老爹道不是這樣說說你大爺寬宏大量不像他們刻薄而今所以來總成的不知你的銀子可現成虞華軒道我的銀怎的不現成叫小厮搬出來給老爹瞧當下叫小厮搬出三十錠大元寶來望桌上一掀那元寶在桌上亂滚成老爹的眼就跟這元寶滚虞華軒叫把銀子收了去向成老爹道我這些銀子不扯謊麽你就下鄉去說說了來我買他的成老爹道我在這裡還耽擱幾天才得下去虞華軒道老爹有甚麽公事成老爹道明日要到王父母那里領先嬸母舉節孝的坊牌銀子順便交錢糧後日是彭老二的小令愛整十歲要到那里去拜壽外後日是方六房裏請我吃中飯要擾過他才得下去虞華軒鼻子裡嘻的笑了一聲罷了留成老爹吃了中飯領坊牌銀子交錢糧去了虞華軒叫小厮把唐三痰請了來這唐三痰因方家裡平日請吃酒吃飯只請他哥舉人不請他他就耑會打聽

方家那一日請人請的是那幾个他都打聽在肚裡甚是的確虞華軒曉得他這个毛病那一日把他尋了來向他說道費你的心去打聽打聽仁昌典方六房裡外後日可請的有成老爹打聽的確了來外後日我就備飯請你唐三痰應諾去打聽了半天回來說道並無此說外後日方六房裡並不請人虞華軒道妙妙你外後日清早就到我這裏來吃一天送唐三痰去了叫小厮悄悄在香蠟店托小官寫了一个紅单

帖上寫着十八日午間小飯候光下寫方杓頓首拿封袋裝起來貼了籤叫人送在成老爹睡覺的房裡書案上成老爹交了錢糧晚里回來看見帖子自心裡歡喜道我老頭子老運亨通了偶然扯个謊就扯着了又恰好是這一日歡喜着睡下到十八那日唐三痰清早來了虞華軒把成老爹請到廳上坐着看見小厮一个个從大門外進來一个拾着酒一个拿着雞鴨一个拿着脚魚和蹄子一个拿着四包果子一个

捧着一大盤肉心燒賣都往厨房裡去成老爹知道他今日備酒也不問他虞華軒問唐三痰道修元武閣的事你可曾向木匠瓦匠說唐三痰道說過了工料費着哩他那外面的圍墻倒了要從新砌又要修一路臺基瓦工需兩三个月裡頭換梁柱釘椽子木工還不知要多少但凡修理房子瓦木匠只打半工他們只說三百怕不也要五百多銀子才修得起來成老爹道元武閣是令先祖蓋的却是一縣發科甲的風水而今科甲發在彭府上該是他家拏銀子修了你家是不相干了還只管累你出銀子虞華軒拱手道也好費老爹的心向他家說說幫我幾兩銀子我少不得也見老爹的情成老爹道這事我說去他家雖然官員多氣魄大但是我老頭子說話他也還信我一兩句虞家小厮又悄悄的從後門叫了一个賣草的把他四个錢叫他從大門口轉了進來說道成老爹我是方六老爺家來的請老爹就過去候着哩成老

參道拜上你老爺我就來那賣草的去了成老參辭了主人一直來到仁昌典門上人傳了進去主人方老六出來會着作揖坐下方老六問老參幾時上來的成老參心裏驚了一下答應道前日纔來的方老六又問寓在那里成老參更慌了答應道在虞華老家小厮拏上茶來喫過成老參道今日好天氣方老六道正是成老參道這些時常會王父母方老六道前日還會着的彼此又坐了〻一會沒有話說又喫了一會

茶成老參道太尊這些時總不見下縣來過若還到縣裏來少不得先到六老爺家太尊同六老爺相與的好此不得別人其實說太爺闔縣也就敬的是六老爺〻位那有第二个鄉紳抵的過六老爺方老六道新按察司到任太尊只怕也就在這些時要下縣來成老參道正是又坐了〻一會又吃了〻道茶也不見一个客來也不見擺席成老參疑惑肚裏又餓了只得告辭一聲看他怎說因起身道我別過六老爺罷方

老六也站起來道還坐坐成老爹道不坐了卽便辭別送了出來成老爹走出大門摸頭不着心裏想道莫不是我太來早了又想道莫不他有甚事怪我又想道莫不是我錯看了帖子猜疑不定又心裏想道虞華軒家有現成酒飯且到他家去喫再處一直走回虞家虞華軒在書房裏擺着桌子同唐三痰姚老五和自己兩个本家擺着五六碗滚熱的肴饌正喫在快活處見成老爹進來都站起身虞華軒道成老爹偏背了我們喫了方家的好東西來了好快活便叫快拿一張椅子與成老爹那邊坐泡上好消食的陳茶來與成老爹吃小厮遠遠放一張椅子在上面請成老爹坐了那葢碗陳茶左一碗右一碗送來與成老爹成老爹越吃越餓肚裏說不出來的苦看見他們大肥肉塊鴨子脚魚夾着往嘴裏送氣得火在頂門裏直冒他們一直喫到晚成老爹一直餓到晚等他送了客客都散了悄悄走到管家房裏要了一碗炒米泡

了喫進房去睡下在牀上氣了一夜次日辭了虞華軒要下鄉回家去虞華軒問老爹幾時來成老爹道若是田的事妥我就上來若是田的事不妥我只等家嬸母入節孝祠的日子我再上來說罷辭别去了一日虞華軒在家無事唐二棒椎走來說道老華前日那姓季的果然是太尊裏出來的住寶林寺僧官家方老六彭老二都會着竟是眞的虞華軒道前日說不是也是你今日說眞的也是你是不是罷了這是甚

麼奇處唐二棒椎笑道老華我從不會會過太尊你少不得在府裏回拜這位季兄去攜帶我去見見太尊可行得麽虞華軒道這也使得過了幾日僱了兩乘轎子一同來鳳陽到了衙裏投了帖子虞華軒又帶了一個帖子拜季葦蕭衙裏接了帖子回出來道季相公揚州去了太爺有請二位同進去在書房裏會會過太尊出來兩位都寓在東頭太尊隨發帖請飯唐二棒椎向虞華軒道太尊明日請我們我們沒有个

坐在下處等他的人老遠來邀的明日我和你到府門口龍興寺坐着好讓他一邀我們就進去虞華軒笑道也罷次日中飯後同到龍興寺一个和尚家坐着只聽得隔壁一个和尚家細吹細唱的有趣唐二棒椎道這吹唱的好聽我走過去看看了一會回來垂頭喪氣向虞華軒抱怨道我上了你的當你當這吹打的是誰就是我縣里仁昌典方老六同厲太尊的公子備了極齊整的席一个人摟着一个戲子在那

里頑耍他們這樣相厚我前日只該同了方老六來若同了他來此時已同公子坐在一處如今同了你雖見得太尊一面到底是个皮裏膜外的帳有甚麼意思虞華軒道都是你說的我又不會强扯了你來他如今現在這裏你跟了去不是唐二棒椎道同行不疎伴我還同你到衙裏去吃酒說着衙裏有人出來邀兩人進衙去太尊會着說了許多仰慕的話又問縣裏節孝幾時入祠我好委官下來致祭兩人答道回

去定了日子少不得具請啟來請太公祖吃完了飯辭别出來次日又拏帖子辭了行回縣去了虞華軒到家第二日余大先生來說節孝入祠的于出月初三我們兩家有好幾位叔祖母伯母叔母入祠我們兩家都該公備祭酌自家合族人都送到祠裏去我兩人出去傳一傳虞華軒道這个何消說寒舍是一位尊府是兩位兩家紳衿共有一百四五十人我們會齊了一同到祠門口都穿了公服迎接當事也是大家

的氣象余大先生道我傳我家的去你傳你家的去虞華軒到本家去了一交惹了一肚子的氣回來氣的一夜也沒有睡着清晨余大先生走來氣的兩隻眼白瞪着問道表弟你傳的本家怎樣虞華軒道正是表兄傳的怎樣為何氣的這樣光景余大先生道再不要說起我去向寒家這些人說他不來也罷了都回我說方家老太太入祠他們都要去陪祭候送還要扯了我也去我說了他們他們還要笑我說背時的

話你說可要氣死了人虞華軒笑道寒家亦是如此我氣了一夜明日我備一个祭桌自送我家叔祖母不約他們了余大先生道我也只好如此相約定了到初三那日虞華軒換了新衣帽吽小厮挑了祭桌到他本家八房裏進了門只見冷冷清清一个客也沒有八房裏堂弟是个窮秀才頭戴破頭巾身穿舊襴衫出來作揖虞華軒進去拜了叔祖母的神主奉主升車他家租了一个破亭子兩條匾担四个鄉里人歪擡着也沒有執事亭子前四个吹手滴滴打打的吹着擡上街來虞華軒同他堂弟跟着一直送到祠門口歇下遠遠望見也是兩个破亭子並無吹手余大先生二先生弟兄兩个跟着擡來祠門口歇下四个人會着彼此作了揖看見祠門前尊經閣上掛着燈懸着綵子擺着酒席那閣蓋的極高大又在街中間四面都望見戲子一担担挑箱上去擡亭子的人道方老爺家的戲子來了又站了一會聽得西門三聲銃響

擡亭子的八道方府老太太起身了須臾街上
鑼響一片鼓樂之聲兩把黃傘八把旂四隊踹
街馬牌上的金字打着禮部尚書翰林學士提
督學院狀元及第都是余虞兩家送的執事過
了腰鑼馬上吹提爐簇擁着老太太的主亭子
邊旁八个大脚婆娘扶着方六老爺紗帽圓領
跟在亭子後後邊的客做兩班一班是鄉紳一
班是秀才鄉紳是彭二老爺彭三老爺彭五老
爺彭七老爺其餘就是余虞兩家的舉人進士

貢生監生共有六七十位都穿着紗帽圓領恭
恭敬敬跟着走一班是余虞兩家的秀才也有
六七十位穿着襴衫頭巾慌慌張張在後邊趕
着走鄉紳末了一个是唐二棒椎手裏拏一个
簿子在那裡邊記賬秀才末了一个是唐三痰
手裡拿一个簿在裡邊記賬那余虞兩家到底
是詩禮人家也還厚道走到祠前看見本家的
亭子在那里竟有七八位走過來作一个揖便
大家簇擁着方老太太的亭子進祠去了隨後

便是知縣學師典史把總擺了執事來吹打安
位便是知縣祭學師祭典史祭把總祭鄉紳祭
秀才祭主人家自祭祭完了紳衿一鬨而出都
到尊經閣上赴席去了這裡等人擠散了才把
亭子擡了進去也安了位虞家還有華軒備的
一个祭桌余家只有大先生備的一副三牲也
祭奠了擡了祭桌出來沒處享福算計借一个
門斗家坐坐余大先生擡頭看尊經閣上綉衣
朱履觥籌交錯方六老爺行了一回禮拘束狠

了寬去了紗帽圓領換了方巾便服在閣上廊
沿間徘徊徘徊便有一个賣花牙婆姓權大着
一雙腳走上閣來哈哈笑道我來看老太太入
祠方六老爺笑容可掬同他站在一處伏在闌
干上看執事方六老爺拿手一宗一宗的指着
說與他聽權賣婆一手扶着欄干一手拉開裤
腰捉虱子捉着一个一个往嘴裏送余大先生
看見這般光景看不上眼說道表弟我們也不
在這裏坐着吃酒了把祭桌擡到你家我同舍

弟一同到你家坐坐罷還不看見這些惹氣的事便叫挑了祭桌前走他四五个人一路走着在街上余大先生道表弟我們縣裏禮義廉耻一揔都滅絕了也因學官裡沒有个好官若是放在南京虞博士那裏這樣事如何行的去余二先生道看虞博士那般舉動他也不要禁止人怎樣只是被了他的德化那非禮之事人自然不能行出來虞家弟兄幾个同歎了一口氣一同到家吃了酒各自散了此時元武閣已經

動工虞華軒每日去監工修理那日晚上回來成老爹坐在書房裏虞華軒同他作了揖拿茶吃了問道前日節孝入祠老爹爲甚麼不到成老爹道那日我要到的身上有些病不會來的成舍弟下鄉去說是熱鬧的狠方府的執事擺了半街王公同彭府上的人都在那里送尊經閣擺席唱戲四鄉八鎮幾十里路的人都來看說若要不是方府怎做的這樣大事你自然也在閣上偏我吃酒虞華軒道老爹你就不曉得

我那日要送我家八房的叔祖母成老爹冷笑道你八房裏本家窮的有腿沒褲子你本家的人那个肯到他那里去連你這話也是哄我頑你一定是送方老太太的虞華軒道這事已過不必細講了吃了晚飯成老爹說那分田的賣主和中人都上縣來了住在寶林寺裡你若要他這田明日就可以成事虞華軒道我要就是了成老爹道還有一个說法這分田全然是我來說的我要在中間打五十兩銀子的背公要

在你這裡除給我我還要到那邊要中用錢去虞華軒道這个何消說老爹是一个元寶當下把租頭句價銀句戥銀句銀色句雜句草句小租句酒水句畫字句上業主句都講清了成老爹把賣主中人都約了來大清早坐在虞家廳上成老爹進來請大爺出來成契走到書房裡只見有許多木匠瓦匠在那裡領銀子虞華軒捧着多少五十兩一錠的大銀子散不一个時辰就散掉了幾百兩成老爹看着他散完了叫

他出去成田契虞華軒睁着眼道那田貴了我不要成老爹嚇了一个痴虞華軒道老爹我當眞不要了便吩咐小厮到廳上把那鄉里的幾个泥腿替我趕掉了成老爹氣的愁眉苦臉只得自己走出去回那幾个鄉里人去了只因這一番有分教身離惡俗門牆又見儒修客到名邦晉接不逢賢哲畢竟後事如何且聽下回分解

此篇重新把虞華軒提出刻劃一翻是文章之變體提清薄俗澆漓色色可惡惟是見了銀子未免眼熱只此一端華軒頗可以自豪以伏後文不買田之局是國手布子步步照應

成老爹往方家喫飯一段閱者雖欲不絕倒不可得已

寫唐二棒椎眞能入木三分看他既會太尊又以不得同公子詭飲爲恨此人脾胃眞難調攝不知追逐勢利場中如之何而後可以

言得意也

入節孝祠一段作者雖以謔語出之其實處處皆淚痕也薄俗澆漓人情冷暖烏衣子弟觸目傷心文中處處抗虞博士是通身筋節

儒林外史第四十八回

徽州府烈婦殉夫　泰伯祠遺賢感舊

話說余大先生在虞府坐館早去晚歸習以爲常那日早上起來洗了臉吃了茶要進館去纔走出大門只見三騎馬進來下了馬向余大先生道喜大先生問是何喜事報錄人拏出條子來看知道是選了徽州府學訓導余大先生歡喜待了報錄人酒飯打發了錢去隨卽虞華軒來賀喜親友們都來賀余大先生出去拜客忙

了幾天料理到安慶領憑領憑回來帶家小到任大先生邀二先生一同到任所去二先生道哥寒氈一席初到任的時候只怕日用還不足我在家裏罷大先生道我們老弟兄相聚得一日是一日從前我兩个人各處坐館動不動兩年不得見面而今老了只要弟兄兩个多聚幾時那有飯喫沒飯喫也且再商量料想做官自然好似坐館二弟你同我去二先生應了一同收拾行李來徽州到任大先生本來極有文名

徽州人都知道如今來做官徽州人聽見个个歡喜到任之後會見大先生胸懷坦白言語爽利這些秀才們本不來會的也要來會會人人自以爲得明師又會着二先生談談談的都是些有學問的話衆人越發欽敬每日也有幾个秀才來往那日余大先生正坐在廳上只見外面走進一个秀才來頭戴方巾身穿寶藍直裰面皮深黑花白鬍鬚約有六十多歲光景那秀才自己手裡拏着帖子遞與余大先生余大先生看帖子上寫着門生王藴那秀才遞上帖子拜了下去余大先生回禮說道年兄莫不是尊字玉輝的麼王玉輝道門生正是余大先生道玉兄二十年聞聲相思而今才得一見我和你只論好弟兄不必拘這些俗套們請到書房裏去坐叫人請二老爺出來二先生出來同王玉輝會着彼此又道了一番相慕之意三人坐下王玉輝道門生在學裡也做了三十年的秀才是个迂拙的人往年就是本學老師門生也

不過是公堂一見而已而今因大老師和世叔
來是兩位大名下所以要時常來聆老師和世
叔的教訓要求老師不認做大槩學裡門生竟
要把我做个受業弟子纔好余大先生道老哥
你我老友何出此言二先生道一向知道吾兄
清貧如今在家可做館長年何以爲生王玉輝
道不瞞世叔說我生平立的有个志向要纂三
部書嘉惠來學余大先生道是那三部王玉輝
道一部禮書一部字書一部鄉約書二先生道

禮書是怎麼樣王玉輝道禮書是將三禮分起
類來如事親之禮敬長之禮等類將經文大書
下面採諸經子史的話印証教子弟們自幼習
學大先生道這一部書該頒于學宮通行天下
請問字書是怎麼樣王玉輝道字書是七年識
字法其書已成就送來與老師細閱二先生道
字學不講久矣有此一書爲功不淺請問鄉約
書怎樣王玉輝道鄉約書不過是添些儀制勸
醒愚民的意思門生因這三部書終日手不停

披所以沒的工夫做館大先生道幾位公郎王玉輝道只得一个小兒到有四个小女大小女守節在家裏那幾个小女都出閣不上一年多說着余大先生留他吃了飯將門生帖子退了不受說罷我們老弟兄要時常屈你來談談料不嫌我苜蓿風味怠慢你弟兄兩个一同送出大門來王先生慢慢回家他家離城有十五里王玉輝回到家裡向老妻和兒子說余老師這些相愛之意次日余大先生坐轎子下鄉親自

來拜留着在草堂上坐了一會去了又次日二先生自己走來領着一个門斗挑着一石米走進來會着王玉輝作揖坐下二先生道這是家兄的祿米一石又手裡拏出一封銀子來道這是家兄的俸銀一兩送與長兄先生權爲數日薪水之資王玉輝接了這銀子口裏說道我小姪沒有孝敬老師和世叔怎反受起老師的惠來余二先生笑道這个何足爲奇只是貴處這學署清苦兼之家兄初到虞博士在南京幾十

兩的拏着送與名士用家兄也想學他王玉輝道這是長者賜不敢辭只得拜受了備飯留二先生坐拏出這三樣書的稿子來遞與二先生看二先生細細看了不勝歎息坐到下午時分只見一个人走進來說道王老爹我家相公病的狠相公娘叫我來請老爹到那裡去看看請老爹就要去王玉輝向二先生道這是第三个小女家的人因女婿有病約我去看二先生道如此我别過罷尊作的稿子帶去與家兄看看

畢再送過來說罷起身那門斗也吃了飯挑着一担空籮將書稿子丢在籮裏挑着跟進城去了王先生走了二十里到了女婿家看見女婿果然病重醫生在那里看用着藥總不見效一連過了幾天女婿竟不在了王玉輝慟哭了一場見女兒哭的天愁地慘候着丈夫入過殮出來拜公婆和父親道父親在上我一个大姐姐死了丈夫在家累着父親養活而今我又死了丈夫難道又要父親養活不成父親是寒士也

養活不來這許多女兒王玉輝道你如今要怎樣三姑娘道我而今辭別公婆父親也便尋一條死路跟着丈夫一處去了公婆兩个聽見這句話驚得淚下如雨說道我兒你氣瘋了自古螻蟻尚且貪生你怎麽講出這樣話來你生是我家人死是我家鬼我做公婆的怎的不養活你要你父親養活快不要如此三姑娘道爹媽也老了我做媳婦的不能孝順爹媽反累爹媽我心裏不安只是由着我到這條路上去罷只

是我死還有幾天工夫要求父親到家替母親說了請母親到這裏來我當面別一別這是要緊的王玉輝道親家我仔細想來我這小女要殉節的真切倒也由着他行罷自古心去意難留因向女兒道我兒你既如此這是青史上留名的事我難道反攔阻你你竟是這樣做罷我今日就回家去叫你母親來和你作別親家再三不肯王玉輝執意一徑來到家裡把這話向老孺人說了老孺人道你怎的越老越獃了

个女兒要死你該勸他怎麼倒叫他死這是甚麼話說王玉輝道這樣事你們是不曉得的老孺人聽見痛哭流涕連忙叫了轎子去勸女兒到親家家去了王玉輝在家依舊看書寫字候女兒的信息老孺人勸女兒那裏勸的轉一般每日梳洗陪着母親坐只是茶飯全然不喫母親和婆婆着實勸着千方百計總不肯喫餓到六天上不能起床母親看着傷心慘目痛入心脾也就病倒了擡了回來在家睡着又過了三

日二更天氣幾把火把幾个人來打門報道三姑娘餓了八日在今日午時去世了老孺人聽見哭死了過去灌醒回來大哭不止王玉輝走到床面前說道你這老人家眞正是个獃子三女兒他而今已是成了仙了你哭他怎的他這死的好只怕我將來不能像他這一个好題目死哩因仰天大笑道死的好死的好大笑着走出房門去了次日余大先生知道大驚不勝慘然卽備了香楮三牲到靈前去拜奠拜奠過回

衙門立刻傳書辦備文書請旌烈婦二先生幫着趕造文書連夜詳了出去二先生又備了禮來祭奠三學的人聽見老師如此隆重也就紛紛來祭奠的不計其數過了兩个月上司批准下來製主入祠門首建坊到了入祠那日余大先生邀請知縣擺齊了執事送烈女入祠闔縣紳衿都穿着公服步行了送當日入祠安了位知縣祭本學祭余大先生祭闔縣鄉紳祭通學朋友祭兩家親戚祭兩家本族祭祭了一天在

明倫堂擺席通學人要請了王先生來上坐說他生這樣好女兒爲倫紀生色王玉輝到了此時轉覺心傷辭了不肯來衆人在明倫堂吃了酒散了次日王玉輝到學署來謝余大先生余大先生二先生都會着留着喫飯王玉輝說起在家日日看見老妻悲慟心下不忍意思要到外面去作遊幾時又想要作遊除非到南京去那裏有極大的書坊還可逗着他們刻這三部書余大先生道老哥要往南京可惜虞博士去

了若是虞博士在南京見了此書贊揚一番就有書坊搶的刻去了二先生道先生要往南京哥如今寫一封書子去與少卿表弟和紹光先生這人言語是值錢的大先生欣然寫了幾封字莊徵君杜少卿遲衡山武正字都有王玉輝老人家不能走旱路上船從嚴州西湖這一路走一路看着水色山光悲悼女兒悽悽惶惶一路來到蘇州正要換船心裏想起我有一个老朋友住在鄧尉山裏他最愛我的書我何不去

看看他便把行李搬到山塘一个飯店裏住下搭船往鄧尉山那還是上晝時分這船到晚才開王玉輝問飯店的人道這裡有甚麼好頑的所在飯店裡人道這一上去只得六七里路便是虎邱怎麼不好頑王玉輝鎖了房門自己走出去初時街道還窄走到三二里路漸漸濶了路旁一个茶館王玉輝走進去坐下吃了一碗茶看見那些遊船有極大的裏邊雕梁畫柱焚着香擺着酒席一路遊到虎邱去遊船過了多

少又有幾隻堂客船不挂簾子都穿着極鮮艷的衣服在船裏坐着吃酒王玉輝心裏說道這蘇州風俗不好一个婦人家不出閨門豈有个叫了船在這河內遊蕩之理又看了一會見船上一个少年穿白的婦人他又想起女兒心裡哽咽那熱淚直滚出來王玉輝忍着淚出茶館門一直往虎邱那條路上去只見一路賣的腐乳蓆子耍貨還有那四時的花卉極其熱鬧也有賣酒飯的也有賣點心的王玉輝老人家足

力不濟慢慢的走了許多時才到虎邱寺門口循着階級上去轉灣便是千人石那裏也擺着有茶桌子王玉輝坐着吃了一碗茶四面看看其實華麗那天色陰陰的像个要下雨的一般王玉輝不能久坐便起身來走出寺門走到半路王玉輝餓了坐在點心店裡那猪肉包子六个錢一个王玉輝吃了交錢出店門慢慢走回飯店天已昏黑船上人催着上船王玉輝將行李拏到船上幸虧雨不曾下的大那船連夜的

走一直來到鄧尉山找着那朋友家裡只見一帶矮矮的房子門前垂柳掩映兩扇門關着門上貼了白王玉輝就嚇了一跳忙去敲門只見那朋友的兒子挂着一身的孝出來開門見了王玉輝說道老伯如何今日才來我父親那日不想你直到臨回首的時候還念着老伯不曾得見一面又恨不曾得見老伯的全書王玉輝聽了知道這个老朋友已死那眼睛裏熱淚紛紛滾了出來說道你父親幾時去世的那孝子

道還不曾盡七王玉輝道靈柩還在家哩那孝子道還在家裡王玉輝道你引我到靈柩前去那孝子道老伯且請洗了臉吃了茶再請老伯進來當下就請王玉輝坐在堂屋裡拿水來洗了臉王玉輝不肯等吃了茶叫那孝子領到靈柩前孝子引進中堂只見中間奉着靈柩面前香爐燭臺遺像魂旛王玉輝慟哭了一場倒身拜了四拜那孝子謝了王玉輝吃了茶又將自已盤費買了一副香紙牲禮把自己的書一同

擺在靈柩前祭奠又慟哭了一場住了一夜次日要行那孝子留他不住又在老朋友靈柩前辭行又大哭了一場含淚上船那孝子直送到船上方才回去王玉輝到了蘇州又換了船一路來到南京水西門上岸進城尋了个下處在牛公庵住下次日拏着書子去尋了一日回來那知因虞博士選在浙江做官杜少卿尋他去了莊徵君到故鄉去修祖墳遲衡山武正字都到遠處做官去了一个也遇不着王玉輝也不懊悔聽其自然每日在牛公庵看書過了一个多月盤費用盡了上街來閒走走纔走到巷口遇着一个人作揖叫聲老伯怎的在這里王玉輝看那人原來是同鄉人姓鄧名義字質夫這鄧質夫的父親是王玉輝同案進學鄧質夫進學又是王玉輝做保結故此稱是老伯王玉輝道老姪幾年不見一向在那里鄧質夫道老伯寓在那里王玉輝道我就在前面這牛公庵裏不遠鄧質夫道且同到老伯下處去到了下處

鄧質夫拜見了說道小姪自別老伯在揚州這四五年近日是東家托我來賣上江食鹽寓在朝天宮一向記念老伯近況好麼爲甚麼也到南京來王玉輝請他坐下說道賢姪當初令堂老夫人守節隣家失火令堂對天祝告反風滅火天下皆聞那知我第三个小女也有這一番節烈因悉把女兒殉女婿的事說了一遍我因老妻在家哭泣心裏不忍府學余老師寫了幾封書子與我來會這裡幾位朋友不想一个也

會不着鄧質夫道是那幾位王玉輝一一說了鄧質夫歎道小姪也恨的來遲了當年南京有虞博士在這里名壇鼎盛那泰伯祠大祭的事天下皆聞自從虞博士去了這些賢人君子風流雨散小姪去年來會會着杜少卿先生又因少卿先生在元武湖拜過莊徵君而今都不在家了老伯這寓處不便且搬到朝天宮小姪那里寓些時王玉輝應了別過和尚付了房錢叫人挑行里同鄧質夫到朝天宮寓處住下鄧質

夫晚間備了酒肴請王玉輝吃着又說起泰伯祠的話來王玉輝道泰伯祠在那里我明日要去看看鄧質夫道我明日同老伯去次日兩人出南門鄧質夫帶了幾分銀子把與看門的開了門進到正殿兩人瞻拜了走進後一層樓底下遲衡山貼的祭祀儀注單和派的執事單還在壁上兩人將袖子拂去塵灰看了又走到樓上見八張大櫃關鎖着樂器祭器王玉輝也要看看祠的人回鑰匙在遲府上只得罷了下來兩廊走走兩邊書房都看了一直走到省牲所依舊出了大門別過看祠的兩人又到報恩寺頑頑在琉璃塔下吃了一壺茶出來寺門口酒樓上吃飯王玉輝向鄧質夫說久在客邊煩了要回家去只是沒有盤纏鄧質夫道老伯怎的這樣說我這裏料理盤纏送老伯回家去便備了餞行的酒拏出十幾兩銀子來又僱了轎夫送王先生回徽州去又說道老伯你雖去了把這余先生的書交與小姪等各位先生回來小

姪送與他們也見得老伯來走了一回王玉輝道這最好便把書子交與鄧質夫起身回去了王玉輝去了好些時鄧質夫打聽得武正字已到家把書子自己送去正值武正字出門拜客不曾會着丟了書子去了向他家人說這書是我朝天宮姓鄧的送來的其中緣由還要當面會再說武正字回來看了書正要到朝天宮去回拜恰好高翰林家着人來請只因這一番有分教賓朋高宴又來奇異之人患難相扶更出

武勇之輩畢竟後事如何且聽下回分解

王玉輝真古之所謂書獃子也其獃處正是人所不能及處觀此人知其臨大節而不可奪人之能於五倫中慷慨決斷做出一番事業者必非天下之乖人也

老孺人以玉輝為獃王玉輝亦以老孺人為獃前後兩个獃字照應成趣

寫烈婦入祠一段特特與五河縣對照

看泰伯祠一段淒凊婉轉無限憑弔無限悲

感非此篇之結束乃全部大書之結束筆力
文情兼擅其美

儒林外史第四十九回

翰林高談龍虎榜　中書冒占鳳凰池

話說武正字那日回家正要同鄧質夫外面傳進一副請帖說翰林院高老爺家請即日去陪客武正字對來人說道我去回拜了一个客即刻就來你先回覆老爺去罷家人道家老爺多拜上老爺請的是浙江一位萬老爺是家老爺從前拜盟的弟兄就是請老爺同遲老爺會會此外就是家老爺親家秦老爺武正字聽見

有遲衡山也就勉强應允了回拜了鄧質夫彼此不相值午後高府來邀了兩次武正字纔去高翰林接着會過了書房裏走出施御史秦中書來也會過了纔喫着茶遲衡山也到了高翰林又叫管家去催萬老爺因對施御史道這萬敝友是浙江一個最有用的人一筆的好字二十年前學生做秀才的時候在揚州會着他他那時也是個秀才他的舉動就有些不同那時鹽務的諸公都不敢輕慢他他比學生在那邊

更覺的得意些自從學生進京後彼此就疎了前日他從京師回來說已由序班授了中書將來就是秦親家的同衙門了秦中書笑道我的同事爲甚要親翁做東道明日乞到我家去說着萬中書已經到門傳了帖高翰林拱手立在廳前滴水下叫管家請轎開了門萬中書從門外下了轎急趨上前拜揖叙坐說道蒙老先生見召實不敢當小弟二十年別懷也要借尊酒一叙但不知老先生今日可還另有外客高

翰林道今日並無外客就是侍御施老先生同做親家秦中翰還有此處兩位學中朋友一位姓武一位姓遲現在西廳上坐着哩萬中書便道請會管家去請四位客都過正廳來會過施御史道高老先生相招奉陪老先生萬中書道小弟二十年前在揚州得見高老先生那時高老先生還未曾高發那一段非凡氣槪小弟便知道後來必是朝廷的柱石自高老先生發解之後小弟遨走四方却不曾到京師一晤去年

小弟到京不料高老先生却又養望在家了所以昨在揚州幾個敝相知處有事只得繞道來聚會一番天幸又得接老先生同諸位先生的教秦中書道老先生貴班甚時補得着出京來却是爲何萬中書道中書的班次進士是一途監生是一途學生是就的辦事職銜將來終身都脫不得這兩個字要想加到翰林學士料想是不能了近來所以得缺甚難秦中書道就了不做官這就不如不就了萬中書丟了這邊便

向武正字遲衡山道二位先生高才久屈將來定是大器晚成的就是小弟這就職的事原算不得始終還要從科甲出身遲衡山道弟輩碌碌怎比老先生大才武正字道高老先生原是老先生同盟將來自是難兄難弟可知說着小厮來稟道請諸位老爺西廳用飯高翰林道先用了便飯好慢慢的談談衆人到西廳飯畢高翰林叫管家開了花園門請諸位老爺看看衆人從西廳右首一個月門內進去另有一道長

粉墻墻角一個小門進去便是一帶走廊從走廊轉東首下石子堦便是一方蘭圃這時天氣溫和蘭花正放前面石山石屏都是人工堆就的山上有小亭可以容三四人屏旁置磁墩兩個屏後有竹子百十竿竹子後面映着些矮矮的朱紅闌干裏邊圍着些未開的芍葯高翰林同萬中書携着手悄悄的講話直到亭子上去了施御史同着秦中書就隨便在石屏下閒坐遲衡山同武正字信步從竹子裏面走到芍藥

蘭邊遲衡山對武書道園子到也還潔淨只是少些樹木武正字道這是前人說過的亭沼譬如爵位時來則有之樹木譬如名節非素修弗能成說着只見高翰林同萬中書從亭子裡走下來說道去年在莊濯江家看見武先生的紅芍藥詩如今又是開芍藥的時候了當下主客六人閒步了一回從新到西廳上坐下管家叫茶上點上一巡攢茶遲衡山問萬中書道老先生貴省有個他敝友是處州人不知老先生可

曾會過萬中書道處州最有名的不過是馬純上先生其餘在學的朋友也還認得幾個但不知令友是誰遲衡山道正是這馬純上先生萬中書道馬二哥是我同盟的弟兄怎麼不認得他如今進京去了他進了京一定是就得手的武書忙問道他至今不曾中舉他為甚麼進京萬中書道學道三年任滿保題了他的優行這一進京倒是個功名的捷徑所以曉得他就得手的施御史在旁道這些異路功名弄來弄去

始終有限有操守的到底要從科甲出身遲衡山道上年他來敝地小弟看他實在舉業上講究的不想這些年還是個秀才出身可見這舉業二字原是個無凴的高翰林道遲先生你這話就差了我朝二百年來只有這一樁事是絲毫不走的摩元得元摩魁得魁那馬純上講的舉業只算得些門面話其實此中的奧妙他全然不知他就做三百年的秀才考二百個案首進了大場總是沒用的武正字道難道大場裡

同學道是兩樣看法不成高翰林道怎麼不是兩樣凡學道考得起的是大塲裏再也不會中的所以小弟未曾僥倖之先只一心去揣摩大塲學道那里時常考个三等也罷了萬中書道老先生的元作敝省的人個個都揣摩爛了高翰林道老先生揣摩二字就是這舉業的金針了小弟鄉試的那三篇拙作沒有一句話是肚撰字字都是有來歷的所以纔得僥倖若是不知道揣摩就是聖人也是不中的那馬先生講

了半生講的都是些不中的舉業他要曉得揣摩二字如今也不知做到甚麼官了萬中書道老先生的話真是後輩的津梁但這馬二哥却要算一位老學小弟在揚州敝友家見他著的春秋倒也甚有條理高翰林道再也莫提起這話敝處這里有一位莊先生他是朝廷徵召過的而今在家閉門註易前日有個朋友和他會席聽見他說馬純上知進而不知退直是一條小小的亢龍無論那馬先生不可比做亢龍只

把一個現活着的秀才拏來解聖人的經這也就可笑之極了武正字道老先生此話也不過是他偶然取笑要說活着的人就引用不得當初文王周公爲甚麽引用微子箕子後來孔子爲甚麽就引用顔子那時這些人也都是活的高翰林道足見先生博學小弟專經是毛詩不是周易所以未曾考核得淸武正字道提起毛詩兩字越發可笑了近來這些做擧業的泥定了朱註越講越不明白四五年前天長杜少卿先生纂了一部詩說引了些漢儒的說話朋友們就都當作新聞可見學問兩個字如今是不必講的了遲衡山道這都是一偏的話依小弟看來講學問的只講學問不必問功名講功名的只講功名不必問學問若是兩樣都要講弄到後來一樣也做不成說着管家來稟請上席高翰林奉了萬中書的首座施侍御的二座遲先生三座武先生四座秦親家五座自已坐了主位三席酒就擺在西廳上面酒餚十分齊

臺却不會有戲席中又談了些京師裏的朝政說了一會遲衡山向武正字道自從虞老先生離了此地我們的聚會也漸漸的就少了少頃轉了席又點起燈燭來喫了一巡萬中書起身辭去秦中書拉着道老先生一來是做親家的同盟就是小弟的親翁一般二來又忝在同班將來補選了大概總在一處明日千萬到舍間一叙小弟此刻回家就具過東來又回頭對衆人道明日一個客不添一个客不減還是我們

照舊六個人遲衡山武正字不會則一聲施御史道極好但是小弟明日打點屈萬老先生坐坐的這個竟是後日罷萬中書道學生昨日纔到這里不料今日就擾高老先生諸位老先生尊府還不曾過來奉謁那里有個就來叨擾的高翰林道這個何妨做親家是貴同衙門這個比別人不同明日只求早光就是了萬中書含糊應允了諸人都辭了主人散了回去當下秦中書回家寫了五副請帖差長班送了去請萬

老爺施老爺遲相公武相公高老爺又發了一張傳戲的溜子叫一班戲次日清晨伺候又發了一個諭帖諭門下總管叫茶廚伺候酒席要體面些次日萬中書起來想道我若先去拜秦家恐怕拉住了那時不得去拜衆人他們必定就要怪只說我撿有酒吃的人家跑不如先拜了衆人再去到秦家隨即寫了四副帖子先拜施御史御史出來會了曉得就要到秦中書家吃酒也不曾欵留隨即去拜遲相公遲衡山家回昨晚因修理學宮的事連夜出城往句容去了只得又拜武相公武正字家回相公前日不曾回家來家的時節再來回拜罷是日早飯時候萬中書到了秦中書家只見門口有一箭闊的青墻中間縮着三號却是起花的大門樓轎子冲着大門立定只見大門裏粉屏上帖着紅紙硃標的內閣中書的封條兩旁站着兩行雁翅的管家管家脊背後便是執事上的帽架子上首還貼着兩張爲禁約事的告示帖子傳了

進去秦中書迎出來開了中間屏門萬中書下了轎拉着手到廳上行禮敘坐拜茶萬中書道學生叨在班末將來凡事還要求提携今日有個賤名在此只算先來拜謁叨擾的事容學生再來另謝秦中書道做親家道及老先生十分大才將來小弟設若竟補了老先生便是小弟的泰山了萬中書道令親臺此刻可曾來哩秦中書道他早間差人來說今日一定到這裏來此刻也差不多了說着高翰林施御史兩乘轎

已經到門下了轎走進來了敘了坐吃了茶高翰林道秦親家那遲年兄同武年兄這時也該來了秦中書道又差人去邀了萬中書道武先生或者還來那遲先生是不來的了高翰林道老先生何以見得萬中書道早間在他兩家奉拜武先生家回昨晚不曾回家遲先生因修學宮的事往句容去了所以曉得遲先生不來施御史道這兩個人却也作怪但凡我們請他十回到有九回不到若說他當真有事做秀才的

那里有這許多事若說他做身分一個秀才的
身分到那里去秦中書道老先生同敝親家在
此那二位來也好不來也罷萬中書道那二位
先生的學問想必也還是好的高翰林道那里
有甚麼學問有了學問到不做老秀才了只因
上年國子監裏有一位虞博士着實作興這幾
個人因而大家聯屬而今也漸漸淡了正說着
忽聽見左邊房子裏面高聲說道妙妙衆人都
覺詫異秦中書叫管家去書房後面去看是甚

麽人喧嚷管家來稟道是二老爺的相與鳳四
老爺秦中書道原來鳳老四在後面何不請他
來談談管家從書房裡去請了出來只見一個
四十多歲的大漢兩眼圓睜雙眉直豎一部極
長的烏鬚垂過了胸膛頭戴一頂力士巾身穿
一領元色緞緊袖袍腳踹一雙尖頭靴腰束一
條絲鸞縧肘下掛着小刀子走到廳中間作了
一個總揖便說道諸位老先生在此小子在後
面却不知道失陪的緊秦中書拉着坐了便指

着鳳四爹對萬中書道這位鳳長兄是敝處這邊一個極有義氣的人他的手底下實在有些講究而且一部易經記的爛熟的他若是趲一個勁那怕幾千觔的石塊打落在他頭上身上他會絲毫不覺得這些時舍弟留他在舍間早晚請教學他的技藝萬中書道這個品貌原是个奇人不是那手無縛雞之力的秦中書又向鳳四老爹問道你方才在裏邊連叫妙妙却是為何鳳四老爹道這不是我是你令弟令弟纔

說人的力氣到底是生來的我就教他提了一段氣着人拏推棒打越打越不疼他一時喜歡起來在那里說妙萬中書向秦中書道令弟老先生在府何不也請出來會會秦中書叫管家進去請那秦二侉子已從後門裡騎了馬進小營看試箭法了小廝門來請到內廳用飯飯畢小廝們又從內廳左首開了門請諸位老爺進去閒坐萬中書同着衆客進來原來是兩個對廳比正廳畧小些却收拾得也還精緻衆人遶

便坐了茶上捧進十二樣的攢茶來一個十二歲的小廝又向爐內添上些香萬中書暗想道他們家的排場畢竟不同我到家何不竟做起來只是門面不得這樣大現任的官府不能叫他來上門也沒有他這些手下人伺候正想着一個穿花衣的末脚拏着一本戲目走上來打了搶跪說道請老爺先賞兩齣萬中書讓過了高翰林施御史就點了一齣請宴一齣餞別施御史又點了一齣五臺高翰林又點了一齣

追信末脚拏笏板在旁邊寫了拏到戲房裏去扮當下秦中書又叫點了一巡清茶管家來禀道請諸位老爺外邊坐衆人陪着萬中書從對廳上過來到了二廳看見做戲的場口已經鋪設的齊楚兩邊放了五把圈椅上面都是大紅盤金椅搭依次坐下長班帶着全班的戲子都穿了脚色的衣裳上來禀叅了全場打鼓板纔立到沿口輕輕的打了一下鼓板只見那貼旦裝了一個紅娘一扭一捏走上場來長　又上

來打了一個搶跪稟了一聲賞坐那吹手們纔坐下去追紅娘纔唱了一聲只聽得大門口忽然一棒鑼聲又有紅黑帽子吆喝了進來衆人都疑惑請宴裏面從沒有這個做法的只見管家跪進來說不出話來早有一個官員頭戴紗帽身穿玉色緞袍脚下粉底皂靴走上廳來後面跟着二十多個快手當先兩個走到上面把萬中書一手揪住用一條鐵鍊套在頸子裏就採了出去那官員一言不發也就出去了衆人嚇的面面相覷只因這一番有分教黎園子弟從今笑煞鄉紳萍水英雄一力擔承患難未知後面如何且聽下回分解

虞博士既去以後皆餘文矣作者正恐閱者笑其江淹才盡無復能如前此之驚奇炫異劌心怵目故且借一最熟之高翰林引出萬中書一段事寫萬中書者又爲寫鳳四老爹之陪筆至于鳳四老爹之爲人又別有一種性情氣概不與衆人同何其出奇之無窮也

秦中書家會席乃所謂飲食地獄也既曰地獄則不得不有地獄變相席上無端闖進一個官生拿活捉套了一個客去雖謂之牛頭夜叉也亦可

儒林外史第五十回

假官員當街出醜　眞義氣代友求名

話說那萬中書在秦中書家廳上看戲突被一個官員帶領捕役進來將他鎖了出去唬得施御史高翰林秦中書面面相覷摸頭不着那戲也就剪住了衆人定了一會施御史向高翰林道貴相知此事老先生自然曉得个影子高翰林道這件事情小弟絲毫不知但是剛才方縣尊也太可笑何必妝這个模樣秦中書又埋怨

道姻弟席上被官府鎖了客去這個臉面却也不甚好看高翰林道老親家你這話差了我坐在家裏怎曉得他有甚事況且拏去的是他不是我怕人怎的說着管家又上來禀道戲子們請老爺的示還是伺候還是回去秦中書道客犯了事我家人沒有犯事爲甚的不唱大家又坐着看戲只見鳳四老爹一個人坐在遠遠的望着他們冷笑秦中書瞥見問道鳳四哥難道這件事你有些曉得鳳四老爹道我如何得曉

得秦中書道你不曉得爲甚麽笑鳳四老爹道我笑諸位老先生好笑人已拏去急他則甚依我的愚見到該差一个能幹人到縣裏去打探打探到底爲的甚事一來也曉得下落二來也曉得可與諸位老爺有碍施御史忙應道這話是的狠秦中書也連忙道是的狠是的狠當下差了一个人叫他到縣裏打探那管家去了這里四人坐下戲子從新上來做了請宴又做餞别施御史指着對高翰林道他纔這兩齣戲點

的就不利市纔請宴就餞别弄得宴還不算請别到餞過了說着又唱了一齣五臺纔要做追信那打探的管家回來了走到秦中書面前說連縣裏也找不清小的會着了刑房蕭二老爹纔託人抄了他一張牌票來說着遞與秦中書看衆人起身都來看是一張竹紙抄得潦潦草草的上寫着臺州府正堂祁爲海防重地等事奉巡撫浙江都察院鄒憲行叅革臺州總兵苗而秀案內要犯一名萬里即萬青雲係本府已

革生員身中面黃微鬚年四十九歲潛逃在外現奉親提爲此除批差緝外合亟通行凡在緝獲地方仰縣即時添差拏獲解府詳審塡毋遲悞須至牌者又一行下寫右牌仰該縣官吏准此原來是差人拏了通緝的文憑投到縣裏這縣尊是浙江人見是本省巡撫親提的人犯所以帶人親自拿去的其實犯事的始末連縣尊也不明白高翰林看了說道不但人拿的糊塗連這牌票上的文法也在些糊塗此人說是

個中書怎麽是個已革生員就是已革生員怎麽拖到總兵的叅案裏去秦中書望着鳳四老爹道你方纔笑我們的你如今可能知道麽鳳四老爹道他們這種人會打聽甚麽等我替你去立起身來就走秦中書道你當眞的去鳳四老爹道這個扯謊做甚麽說着就去了鳳四老爹一直到縣門口尋着兩個馬快頭那馬快頭見了鳳四老爹跟着他呌東就東呌西就西鳳四老爹呌兩個馬快頭引帶他去會浙江的差

人那馬快頭領着鳳四老爹一直到三官堂會着浙江的人鳳四老爹問差人道你們是台州府的差差人答道我是府差鳳四老爹道這萬相公到底爲的甚事差人道我們也不知只是敝上人吩附說是個要緊的人犯所以差了各省來緝老爹有甚吩咐我照顧就是了鳳四老爹道他如今現在那里差人道方老爺纔問了他一堂連他自已也說不明白如今寄在外監裏明日領了文書只怕就要起身老爹如今可

是要看他鳳四老爹道他在外監裏我自已去看他你們明日領了文書千萬等我到這裏你們再起身差人應允了鳳四老爹同馬快頭走到監裏會着萬中書萬中書向鳳四老爹道小弟此番大概是奇寃極枉了你回去替我致意高老先生同秦老先生不知此後可能在會了鳳四老爹又細細問了他一番只不得明白因忖道這場官司須是我同到浙江去纔得明白也不對萬中書說竟別了出監說明日再來奉

看一氣回到秦中書家只見那戲子都已搬了施御史也回去了只有高翰林還在這裏等信看見鳳四老爹回來忙問道倒底爲甚事鳳四老爹道真正奇得緊不但官府不曉得連浙江的差人也不曉得不但差人不曉得連他自已也不曉得這樣糊塗事須知我同他到浙江去纔得明白秦中書道這也就罷了那個還管他這些閒事鳳四老爹道我的意思明日就要同他走走去如果他這官司利害我就帮他去審

審也是會過這一塲高翰林也怕日後拖累便攛掇鳳四老爹同去晚上送了十兩銀子到鳳家來說送鳳四老爹路上做盤纏鳳四老爹收了次日起來直到三官堂會着差人差人道老爹好早鳳四老爹同差人轉出灣到縣門口來到刑房裏會着蕭二老爹催着他清稿並送簽了一張解批又撥了四名長解皂差聽本官簽點批文用了印官府坐在三堂上叫值日的皂頭把萬中書提了進來台州府差也跟到宅門

日伺候只見萬中書頭上還戴着紗帽身上還穿着七品補服方縣尊猛想到他拿的是個已革的生員怎麼却是這樣服色又對明了人名年貌絲毫不誣因問道你到底是生員是官萬中書道我本是台州府學的生員今歲在京因書法端楷保舉中書職銜的生員不曾革過方知縣道授職的知照想未下來因有了官司撫臺將你生員咨革了也未可知但你是個浙江人本縣也是浙江人本縣也不難爲你你的事你自己好好去審就是了因又想道他回去了地方官說他是個已革生員就可以動刑了我是個同省的人難道這點照應沒有隨在簽批上硃筆添了一行本犯萬里年貌與來文相符現今頭戴紗帽身穿七品補服供稱本年在京保舉中書職銜相應原身鎖解該差毋許須索亦毋得踈縱寫完了隨簽了一個長差趙昇又叫台州府差進去吩咐道這人比不得盜賊有你們兩個本縣這里添一個也彀了你們路上

須要小心些三個差人接了批文押着萬中書
出來鳳四老爹接着問府差道你是解差們過
淸了指着縣差問道你是解差府差道過淸了
他是解差縣門口看見鎖了一個戴紗帽穿補
服的人出來就閙了有兩百人看越讓越不開
鳳四老爹道邇頭你住在那里趙昇道我就在
轉灣鳳四老爹道先到你家去一齊走到趙昇
家小堂屋裏坐下鳳四老爹叫趙昇把萬中書
的鎖開了鳳四老爹脫下外面一件長衣來叫

萬中書脫下公服換了又叫府差到萬老爺寓
處叫了管家來府差去了回來說管家都未回
寓處想是逃走了只有行李還在寓處和尚却
不肯發鳳四老爹聽了又除了頭上的帽子叫
萬中書戴了自已只包着網巾穿着短衣說道
這里地方小都到我家去萬中書同三个差人
跟着鳳四老爹一直走到洪武街進了大門二
層廳上立定萬中書納頭便拜鳳四老爹拉住
道此時不必行禮先生且坐着便對差人道你

們三位都是眼亮的不必多話了你們都在我這里住着萬老爹是我的相與這場官司我是要同了去的我却也不難爲你趙昇對來差道二位可有的說來差道鳳四老爹吩咐這有甚麽說只求老爹作速些鳳四老爹道這個自然當下把三個差人送在廳對面一間空房裏說道此地權住兩日三位不妨就搬行李來三個差人把萬中書交與鳳四老爹竟都放心各自搬行李去了鳳四老爹把萬中書拉到左邊一

個書房裏坐着問道萬先生你的這件事不妨寔實的對我說就有天大的事我也可以幫襯你說含糊話那就罷了萬中書道我看老爹這個舉動自是個豪傑真人面前我也不說假話了我這場官司倒不輸在台州府反要輸在江寧縣鳳四老爹道江寧縣方老爺待你甚好這是爲何萬中書道不瞞老爹說我寔在是个秀才不是個中書只因家下日計艱難沒奈何出來走走要說是個秀才只好喝風痾烟說是個

中書那些商家同鄉紳財主們纔肯有些照應不想今日被縣尊把我這服色同官職寫在批上將來解回去欽案都也不妨倒是這假官的官司吃不起了鳳四老爹沉吟了一刻道萬先生你假如是個真官回去這官司不知可得贏萬中書道我同苗總兵係一面之交又不曾有甚過贓犯法的事量情不得大輸只要那里不曉得假官一節也就罷了鳳四老爹道你且住着我自有道理萬中書住在書房裏三個差人

也搬來住在廳對過空房裏鳳四老爹一面叫家里人料理酒飯一面自己走到秦中書家去秦中書聽見鳳四老爹來了大衣也沒有穿就走了出來問道鳳四哥事體怎麽樣了鳳四老爹道你還問哩閉門家里坐禍從天上來你還不曉得哩秦中書嚇的慌慌張張的忙問道怎的怎的鳳四老爹道怎的不怎的官司彀你打半生秦中書越發嚇得面如土色要問都問不出來了鳳四老爹道你說他倒底是個甚官秦

中書道他說是個中書鳳四老爹道他的中書還在判官那里造册哩秦中書道難道他是個假的鳳四老爹道假的何消說只是一塲欽案官司把一個假官從尊府拿去那浙江巡撫本上也不要特叅只消帶上一筆莫怪我說老先生的事只怕也就是滚水潑老鼠了秦中書聽了這些話瞪着兩隻白眼望着鳳四老爹道鳳四哥你是極會辦事的人如今這件事倒底怎樣好鳳四老爹道沒有怎樣好的法他的官司

不輸你的身家不破秦中書道怎能叫他官司不輸鳳四老爹道假官就輸眞官就不輸秦中書道他已是假的如何又得眞鳳四老爹道難道你也是假的秦中書道我是遵例保舉來的鳳四老爹道你保舉得他就保舉不得秦中書道就是保舉也不得及鳳四老爹道怎的不得及有了錢就是官現放着一位施老爺還怕商量不來秦中書道這就快些叫他辦鳳四老爹道他到如今辦他又不做假的了秦中書道依

你怎麽樣鳳四老爹道若要依我竟不怕撇官司竟自隨他去若要圖乾淨替他辦一個等他官司贏了來得了缺叫他一五一十算了來還你就是九折三分錢也不妨秦中書聽了這個話嘆了一口氣道這都是好親家拖累這一場如今却也沒法了鳳四哥銀子我竟出只是事要你辦去鳳四老爹道這就是水中撈月了這件事要高老先生去辦秦中書道爲甚的偏要他去鳳四老爹道如今施御史老爺是高老爺的相好要懇着他作速照例寫揭帖揭到內閣存了案纔有用秦中書道鳳四哥果眞你是見事的人隨即寫了一個帖子請高親家老爹來商議要話少刻高翰林到了秦中書會着就把鳳四老爹的話說了一遍高翰林連忙道這個我就去鳳四老爹在旁道這是緊急事秦老爺快把所以然交與高老爺去罷秦中書忙進去了一刻叫管家捧出十二封銀子每封足紋一百兩交與高翰林道而今一半人情一半禮物

這原是我惹出來的我也曉得閤裏還有些使費一總費親家的心奉託施老先生包辦了罷高翰林局住不好意思只得應允拿了銀子到施御史家託施御史連夜打發人進京辦去了鳳四老爹回到家裏一氣走進書房只見萬中書在椅子上坐着望哩鳳四老爹道恭喜如今是真的了隨將此事說了備細萬中書不覺倒身下去就磕了鳳四老爹二三十個頭鳳四老爹拉了又拉方纔起來鳳四老爹道明日仍舊穿了公服到這兩家謝謝去萬中書道這是極該的但只不好意思說着差人走進來請問鳳四老爹幾時起身鳳四老爹道明日走不成竟是後日罷次日起來鳳四老爹攛着萬中書去謝高秦兩家兩家收了帖都回不在家却就回來了鳳四老爹又叫萬中書親自到承恩寺起了行李來鳳四老爹也收拾了行李同着三個差人竟送萬中書同浙江台州去審官司去了只因這一番行分教儒生落魄變成衣錦還鄉

御史回心惟恐一人負屈未知後事如何且聽

下回分解

秦中書本小心怕事之人又被鳳四老爹蘇

張之舌以利害嚇之不容不信讀之是一篇

絕妙長短書

明朝中書有從進士出身者有從監生出身

者原是兩途篇中所叙並非杜撰也

儒林外史第五十一回

少婦騙人折風月　壯士高興試官刑

話說鳳四老爹替萬中書辦了一個真中書纔自已帶了行李同三個差人送萬中書到台州審官司去這時正是四月初旬天氣溫和五個人都穿着單衣出了漢西門來叫船打點一直到浙江去叫遍了總沒有一隻杭州船只得叫船先到蘇州到了蘇州鳳四老爹打發請了船錢纔換了杭州船這隻船比南京叫的却大着一半鳳四老爹道我們也用不着這大船只包他兩個艙罷隨即付埠頭一兩八錢銀子包了他一個中艙一個前艙五個人上了蘇州船守候了一日船家纔攬了一個收絲的客人搭在前艙這客人約有二十多歲生的也還清秀却只得一担行李倒着寔沉重到晚船家解了纜放離了馬頭用篙子撑了五里多路一個小小的村落旁住了那梢公對夥計說你帶好纜放下二錨照顧好了客人我家去一頭那台州差

人笑着說道你是討順風去了那梢公也就嘻嘻的笑着去了萬中書同鳳四老爹上岸閒步了幾步望見那晚烟漸散水光里月色漸明徘徊了一會復身上船來安歇只見下水頭支支查查又摇了一隻小船來帮着泊這時船上水手倒也開舖去睡了三個差人點起燈來打骨牌只有萬中書鳳四老爹同那個絲客人在船裏推了窓子憑船玩月那小船靠攏了來前頭撑篙的是一個四十多歲的瘦漢後面火艙裏

是一個十八九歲的婦人在裏邊拏舵一眼看見船這邊三個男人看月就掩身下艙裏去了隔了一會鳳四老爹同萬中書也都睡了只有這絲客人畧睡得遲些次日日頭未出的時候稍公背了一個箭袋上了船急急的開了走了三十里方纔喫早飯早飯喫過了將下午鳳四老爹閒坐在艙裏對萬中書說道我看先生此番雖然未必大傷筋骨但是都院的官司也殼拖纏哩依我的意思審你的時節不管問你甚

情節你只說家中住的一個遊客鳳鳴岐做的等他來拿了我去就有道理了正說着只見那絲客人眼見紅紅的在前艙裏哭鳳四老爹同衆人忙問道客人怎的了那客人只不則聲鳳四老爹猛然大悟指着絲客人道是了你這客人想是少年不老成如今上了當了那客人不覺又羞的哭了起來鳳四老爹細細問了一遍纔曉得昨晚都睡靜了這客人還倚着船窗顧盼那船上婦人這婦人見那兩個客人去了纔

立出艙來望着絲客人笑船本靠得緊雖是隔船離身甚近絲客人輕輕捏了他一下那婦人便笑嘻嘻從窗子裏爬了過來就做了巫山一夕這絲客人睡着了他就把行李內四封銀子二百兩儘行携了去了早上開船這客人情思還昏昏的到了此刻看見被囊開了纔曉得被人偷了去真是啞子夢見媽說不出來的苦鳳四老爹沉吟了一刻叫過船家來問道昨日那隻小船你們可還認得水手道認却認得這話

打不得官司告不得狀有甚方法鳳四老爹道認得就好了他昨日得了錢我們走這頭他必定去那頭你們替我把桅眼了架上櫓趕着搖回去望見他的船遠遠的就泊了弄得回來再酬你們的勞船家依言搖了回去搖到黃昏時候纔到了昨日泊的地方却不見那隻小船鳳四老爹道還搖了回去約畧又搖了二里多路只見一株老柳樹下繫着那隻小船遠望着却不見人鳳四老爹叫還泊近些也泊在一株枯

柳樹下鳳四老爹叫船家都睡了不許則聲自已上岸閒步步到這隻小船面前果然是昨日那船那婦人同着瘦漢子在中艙裏說話哩鳳四老爹徘徊了一會慢慢回船只見這小船不多時也移到這邊來泊泊了一會那瘦漢不見了這夜月色比昨日更明照見那婦人在船裏邊掠了鬓髮穿了一件白布長衫在外面下身換了一條黑綢裙子獨自一個在船窗裏坐着賞月鳳四老爹低低問道夜靜了你這小妮子

船上沒有人你也不怕麼那婦人答應道你管
我怎的我們一個人在船上是過慣了的怕甚
的說着就把眼睛斜覷了兩覷鳳四老爹一脚
跨過船來便抱那婦人那婦人假意推來推去
却不則聲鳳四老爹把他一把抱起來放在右
腿膝上那婦人也就不動倒在鳳四老爹懷裏
了鳳四老爹道你船上沒有人今夜陪我宿一
宵也是前世有緣那婦人道我們在船上住家
是從來不混賬的今晚沒有人遇着你這個冤

家叫我也沒有法了只在這邊我不到你船上
去鳳四老爹道我行李內有東西我不放心在
你這邊說着便將那婦人輕輕一提提了過來
這時船上人都睡了只是中艙裏點着一盞燈
鋪着一副行李鳳四老爹把婦人放在被上那
婦人就連忙脫了衣裳鑽在被裏那婦人不見
鳳四老爹解衣耳朶裏却聽得軋軋的櫓聲那
婦人要檯起頭來看却被鳳四老爹一腿壓住
死也不得動只得細細的聽是船在水裏走理

那婦人急了忙閙道這船怎麽走動了鳳四老爹道他行他的船你睡你的覺倒不快活那婦人越發急了道你放我回去罷鳳四老爹道獃娘子你是騙錢我是騙人一樣的騙怎的就慌那婦人纔曉得是上了當了只得哀告道你放了我任憑甚東西我都還你就是了鳳四老爹道放你去却不能拏了東西來纔能放你去我却不難為你說着那婦人起來連褲子也沒有了萬中書同絲客人從艙裏鑽出來看了忍不住的好笑鳳四老爹問明他家住址同他漢子的姓名叫船家在沒人煙的地方住了到了次日天明叫絲客人拏一個包袱包了那婦人通身上下的衣裳走回十多里路我着他的漢子原來他漢子見船也不見老婆也不見正在樹底下着急哩那絲客人有些認得上前說了幾句拍着他肩頭道你如今陪了夫人又折兵還是造化哩他漢子不敢答應客人把包袱打開拏出他老婆的衣裳褲子褶褲鞋求他漢子纔

慌了跪下去只是磕頭客人道我不拿你快把昨日四封銀子拿了來還你老婆那漢子慌忙上了船在稍上一個夾剪艙底下拏出一個大口袋來說道銀子一釐也沒有動只求開恩還我女人罷客人背着銀子那漢子拏着他老婆的衣裳一直跟了走來又不敢上船聽見他老婆在船上叫纔硬着胆子走上去只見他老婆在中艙裏圍在被裏哩他漢子走上前把衣裳遞與他衆人看着那婦人穿了衣服起來又磕了兩個頭同烏龜滿面羞愧下船去了絲客人拿了一封銀子五十兩來謝鳳四老爹鳳四老爹沉吟了一刻竟收了隨分做三分拏着對三個差人道你們這件事原是個苦差如今與你們算差錢罷差人謝了閒話休提不日到了杭州又換船直到台州五個人一齊進了城府差道鳳四老爹家門口恐怕有風聲官府知道了小人喫不起鳳四老爹道我有道理從城外叫了四乘小轎放下簾子叫三個差人同萬中書

坐着自已倒在後面走一齊到了萬家來進大門是兩號門面房子二進是兩改三造的小廳萬中書纔入內去就聽見裏面有哭聲一刻又不哭了頃刻內裏備了飯出來吃了飯鳳四老爹道你們此刻不要去點燈後把承行的叫了來我就有道理差人依着點燈的時候悄悄的去會台州府承行的趙勤趙勤聽見南京鳳四老爹同了來喫了一驚說道那是個仗義的豪傑萬相公怎的相與他的這個就造化了當下

即同差人到萬家來會着彼此竟像老相與一般鳳四老爹道趙師夫只一樁託你先着太爺錄過供供出來的人你便拖了解趙書辦應允了次日萬中書乘小轎子到了府前城隍廟裏面照舊穿了七品公服戴了紗帽着了靴只是頸子裏却繫了鍊子府差繳了牌票祁太爺即時坐堂解差趙昇執着批將萬中書解上堂去祁太爺看見紗帽圓領先喫一驚又看了批文有遵例保舉中書字樣又喫了一驚擡頭看那

萬里却直立着未曾跪下因問道你的中書是甚時得的萬中書道是本年正月內祁太爺道何以不見知照萬中書道中書由閣咨部由部咨本省巡撫也須時日想目下也該到了祁太爺道你這中書早晚也是要革的了萬中書道中書自去年進京今年回到南京並無犯法的事請問太公祖隔省差拏其中端的是何緣故祁太爺道那苗鎮臺疏失了海防被撫臺叅拿了衙門內搜出你的詩箋上面一派阿腴的話頭是

你被他買囑了做的現有賍欵你還不知麼萬中書道這就是寃枉之極了中書在家的時節並未會過苗鎮臺一面如何有詩送他祁太爺道本府親自看過長篇累牘後面還有你的名姓圖書現今撫院大人巡海整駐本府等着要題結這一案你還能賴麼萬中書道中書雖然忝列宮墻詩却是不會做的至于名號的圖書中書從來也沒有只有家中住的一個客上年刻了大大小小幾方送中書中書就放在書房

裏未曾收進去就是做詩也是他會做恐其是他假名的也未可知還求太公祖詳察郝太爺道這人叫甚麼如今在那里萬中書道他姓鳳叫做鳳鳴岐現住在中書家裏哩郝太爺立即拈了一枝火籤差原差立拿鳳鳴岐當堂回話差人去了一會把鳳四老爹拿來郝太爺坐在二堂上原差上去回了說鳳鳴岐已經拿到郝太爺叫他上堂問道你便是鳳鳴岐麼一向與苗總兵有相與麼鳳四老爹道我並認不得他

郝太爺道那萬里做了送他的詩今萬里到案招出是你做的連姓名圖書也是你刻的你爲甚麼做這些犯法的事鳳四老爹道不但我生平不會做詩就是做詩送人也算不得一件犯法的事郝太爺道這廝强辯叫取過大刑來那堂上堂下的皂隸大家吆喝一聲把夾棍向堂口一摜兩個人板翻了鳳四老爹把他兩隻腿套在夾棍裏郝太爺道替我用力的夾那扯繩的皂隸用力把繩一收只聽格喳的一聲那夾

棍迸為六段祁太爺道這廝莫不是有邪術隨叫換了新夾棍硃標一條封條用了印貼在夾棍上從新再夾那知道繩子尚未及扯又是一聲響那夾棍又斷了一連換了三付夾棍足足的迸做十八截散了一地鳳四老爹只是笑並無一句口供祁太爺毛了只得退了堂將犯人寄監親自坐轎上公館轅門面稟了撫軍那撫軍聽了備細知道鳳鳴岐是有名的壯士其中必有緣故況且苗總兵已死於獄中抑且萬里保舉中書的知照已到院此事也不關緊要因

而吩咐祁知府從寬辦結竟將萬里鳳鳴岐都釋放撫院也就回杭州去了這一場焰騰騰的官事却被鳳四老爹一瓢冷水潑息萬中書開發了原差人等官司完了同鳳四老爹回到家中念不絕口的說道老爹真是我的重生父母再長爹娘我將何以報你鳳四老爹大笑道我與先生既非舊交向日又不曾受過你的恩惠這不過是我一時偶然高興你若認真感激起

我來那倒是個鄙夫之見了我今要往杭州去尋一個朋友就在明日便行萬中書再行挽留不住只得還着鳳四老爹要走就走次日鳳四老爹果然別了萬中書不曾受他杯水之謝取路往杭州去了只因這一番有分教拔山扛鼎之義士再顯神通深謀詭計之奸徒急償夙債不知鳳四老爹來尋甚麽人且聽下回分解

前半寫小船上少年婦人騙人旖旎風光幾令佻達兒郎墮其術中而不悔若非鳳四老

爹二百兩頭貢獻之水中矣

寫鳳四老爹無往而非高興替絲客人取回二百金猶之後文替陳正公取回千金也世上亦復有此等熱心腸人但不多見耳

萬中書念不絕口的要謝鳳四老爹則其徒託空言而非寔心圖報可知然鳳四老爹之爲人視銀錢如土苴即寔心圖報被亦棄而弗顧所以特特叫破我非有愛於君而爲之不過高興耳寫壯士身分直在百尺樓上

試官刑一段使擱筆爲之必曰有何如之力量有何如之本領加上許多注脚而精神反不現矣要知上文已經提凊千把斤石頭打在頭上毫然不動則此事固閱者意中事也有此一段爲下一卷之襯托始覺精神百倍